MENSONGE & TYRANNIE

L'OCCUPATION PRUSSIENNE

EN

FRANCE

Semez le vent, vous récolterez
la tempête.

LILLE

BUREAU, libraire

rue Esquermoise, 8

1871

MENSONGE & TYRANNIE

L'OCCUPATION PRUSSIENNE

EN

FRANCE

Semez le vent, vous
récolterez la tempête.

AVANT-PROPOS

**Explication de la tyrannie exercée par la Prusse
sur nos départements occupés.**

La Prusse a fait, en 1870, une guerre dont les procédés
sont une injure pour la civilisation moderne.

La France a subi les conditions d'une paix, la plus
onéreuse que l'Europe ait jamais vu signer.

Le vainqueur occupe le quart du pays vaincu, comme
gage de la rançon à payer.

1871

La France paie!... mais ses bourreaux se conduisent à son égard d'une façon tellement odieuse, tellement oppressive, qu'un long tressaillement agite les populations envahies, frémissantes sous le joug!

Les oppresseurs tremblent, redoublent de vexations et et de cruautés.

Quelle explication donner d'un pareil système de tyrannie?

Pourquoi la France malheureuse n'a-t-elle pas droit aux égards, qu'entre puissances civilisées, on accorde aux vaincus?

L'Allemagne crie bien haut qu'elle se venge de 1806, qu'elle inflige aujourd'hui à la France, les vexations, les humiliations que celle-ci lui avait fait subir!

Telle est l'hypocrite explication de la conduite cruelle et perfide de l'Allemagne envers la France.

C'est une nouvelle infâmie à ajouter à tant d'autres!

Il faut démasquer cette hypocrisie, il faut, preuves en mains, montrer l'inanité des explications de la Prusse.

Il faut faire voir que le luxe de cruautés, de vexations déployé vis-à-vis la France, déguise avec peine l'envie la plus basse, la jalousie la plus méprisable, la haine la plus aveugle.

Que nos compatriotes opprimés, humiliés, pillés, ranconnés, souvent lâchement assassinés, ne s'y trompent point.

Ils n'expient point les méfaits de leurs pères en 1806.

Ils expient l'honneur de faire partie de cette France, tant jalousée, tant enviée, de celle à qui l'Allemagne ne pardonnera jamais d'être appelée « *la grande Nation.* »

J. B.

La France et la Prusse avant 89.
La France et la Prusse en 1792. Le manifeste du duc de Brunswick. La bataille de Valmy.

La meilleure manière de connaître le mobile des agissements de la Prusse en 1871, c'est d'embrasser d'un coup d'œil rétrospectif ses relations et ses luttes avec la France depuis un siècle.

La Prusse, qu'on se le rappelle, est une nation moderne, elle date comme puissance des premières années du XVIIIᵉ siècle.

Avant la révolution de 89, des considérations politiques, dans lesquelles les affaires des familles régnantes primaient les intérêts des peuples, ont fait tour à tour de la Prusse et de la France des alliées ou des ennemies.

Dans la grande lutte qui s'appela *la Guerre de sept ans*, les soldats du grand Frédéric ont vaincu à Rosbach les soldats de la monarchie française.

Après cette défaite, la France s'est empressée de calquer les institutions militaires de la Prusse.

Elle lui emprunta depuis son port d'armes, jusques à sa discipline à coups de plat de sabre.

Ce n'est donc pas antérieurement à 1789 que nous pouvons trouver les causes de cette animosité de la Prusse contre la nation française.

En 1789, la France proclame la liberté et les droits de l'homme.

Les privilèges, la noblesse se lèvent contre la Révolution; une jeunesse folle, passionnée, court à l'étranger, mendier la protection de la force contre le nouvel ordre de choses.

La Prusse prend place parmi les champions des privilèges et de la féodalité.

De son sein, part le langage le plus fougueux, le plus insultant qu'une nation puisse entendre.

C'est le manifeste du duc de Brunswick !

Français de 71 ! écoutez ce que la Prusse osait dire à vos pères de 92 :

« L'empereur (Autriche) et le roi de Prusse ne sont
« armés que pour faire cesser l'anarchie dans l'intérieur
« de la France, arrêter les attaques portées au trône et
« à l'autel, rendre au roi sa liberté et le mettre en état
« d'exercer son autorité légitime. Toutes les autorités
« civiles et militaires sont sommées de se soumettre sur
« le champ au roi, leur légitime souverain. *Tout garde*
« *national pris les armes à la main sera traité comme rebelle*;
« *tous les habitants qui oseront se défendre seront mis à*
« *mort et leurs maisons brûlées... Paris enfin sera livré à une*
« *exécution militaire et à une subversion totale.* »

Heureusement pour la France, que tant d'insolence, tant de menaces, n'étaient pas soutenues à cette époque par les flots de soldats, qui ont depuis inondé notre sol.

Nos pères de 92, *cette cohue de savetiers*, comme les appelaient messieurs les royalistes de ce temps, marchèrent contre les Prussiens à la baïonnette, au cri de : vive la Nation!

Ce fut la bataille de Valmy!

Le duc de Brunswick crut prudent de ne pas mettre à exécution son terrible manifeste.

Il fit une retraite très lente et qui fut faiblement inquiétée par les Français.

« Ce fut, dit Lavallée (*Histoire des Français*), une grande faute, car il eut été possible de leur fermer le retour sur le Rhin. »

Serait-ce par suite du manifeste de Brunswick et de la facilité qui fut donnée aux Prussiens de sortir de France, que serait née cette haine implacable, dont nous sommes les victimes aujourd'hui ?

II.

La Prusse et la France de 1792 à 1806.
Considérations générales sur l'armée française en 1806.

La Prusse, à la solde de l'Angleterre, prend part à toutes les coalitions dirigées contre la France depuis 1792.

En 1794, elle paie sa dette de reconnaissance à son ancienne libératrice, la Pologne.

L'Autriche, la Prusse, la Russie déclarent que : « convaincus par l'expérience de l'impossibilité où étaient les Polonais de se donner une constitution éclairée et durable, ils avaient, par amour de la paix et du bien de leurs sujets, résolu de se partager la Pologne. »

Le gâteau des rois distribué, la Prusse éprouve le besoin de repos pour digérer sa proie à son aise.

Elle conclut la paix avec cette France si méprisable, qu'il suffisait de se montrer pour voir fondre « ce chaos ridicule. »

La Prusse reconnaît la République française, sanctionne la Révolution, cède (toujours à perpétuité) la rive gauche du Rhin.

Nous sommes loin déjà du manifeste de Brunswick !

Strasbourg n'est pas encore pour l'Allemagne la clef de sa maison.

Il est vrai qu'en 1795 M. de Bismarck de Schœnhausen ne dirigeait pas la politique de la Prusse !

Le Directoire, le Consulat, la proclamation de l'Empire, virent la Prusse, dans la plus stricte neutralité.

Elle assiste en égoïste à la ruine de l'Autriche, les armées françaises sont arrivées jusques à vingt lieues de Vienne.

L'Italie toute entière, des Alpes à l'Adriatique, est sous le sceptre de la France.

On ne songe pas à arrêter le vainqueur et à faire, comme soixante-deux ans plus tard, une question allemande de l'entrée de nos soldats dans le Tyrol allemand.

Cependant, l'Angleterre aux abois répand l'or pour soudoyer de nouveaux ennemis contre la France.

La Prusse, placée entre l'intérêt et la passion, prit une attitude hyprocrite et expectante.

Elle promit sa neutralité ; « elle voulait, dit Lavallée, tromper les deux partis, et profiter de la guerre en se joignant au plus fort contre le plus faible, mais elle fût la victime de ses tergiversations et de ses perfidies. »

On la vit, rompant tout-à-coup sa neutralité, s'allier à la Russie.

L'ambassadeur de cette puissance, si fausse et si déloyale, osa féliciter le vainqueur d'Austerlitz, pendant que son roi s'unissait aux ennemis de la France, « par un traité de subsides avec l'Angleterre. »

Voici comment un historien anglais, Walter Scott, juge la Prusse :

« La conduite du ministre prussien fut à la fois pusillanime et déloyale. Il acceptait le Hanôvre, appartenant à l'Angleterre, des mains des Français, et cédait en échange les territoires d'Anspach et de Bayreuth, récemment violés pas ses armées.

« La conduite de la Prusse avait été incertaine et versatile, pendant la campagne d'Austerlitz. Elle se rendit ensuite *aussi odieuse par sa rapacité, que méprisable par l'esprit étroit de sa politique.* »

Après ce sévère jugement de l'historien anglais, la Prusse méritait, croyons-nous, une bonne leçon.

Reste à voir comment elle lui fut infligée et si nos
pères n'ont pas dépassé les limites que la civilisation
empêche de franchir.

L'armée française en 1806.

Avant d'entamer le récit des désastres dont la Prusse
et la France ont été victimes à soixante-cinq ans de dis-
tance, il est bon d'examiner ce qu'était l'armée française
en 1806 et de quelle manière elle vivait en pays ennemi.

Pour ne pas être taxé de partialité dans cette question,
nous laisserons parler l'historien anglais Walter Scott,
qu'on ne saurait accuser de sympathie pour le peuple
français.

Sous le rapport de la composition et du caractère fait
à l'armée française par la conscription, Walter Scott dit :
« le nombre de jeunes gens bien élevés, qui étaient appelés
« à servir, donna à l'armée française un ton et des senti-
« ments supérieurs à ceux des autres troupes. »

Examinons la question des subsistances et des réquisitions.

« La Révolution, dit l'historien anglais, introduit en
Europe, pour la première fois, une manière de conduire
les hostilités qui rejetait tout le fardeau de la guerre
sur les pays, qui avaient le malheur de devenir le théâtre
de ses opérations; et le vainqueur, au lieu de s'épuiser,
y trouvait ainsi de nouvelles ressources...

« L'armée commençait sa marche avec des provisions,
c'est-à-dire que chaque soldat portait du pain et du biscuit
pour quelques jours. On amenait aussi des bestiaux,
que l'on abattait au fur et à mesure des besoins... Les
chevaux de cavalerie étaient de même chargés du fourrage
nécessaire pour deux ou trois jours. Ainsi pourvue, l'armée
se portait en avant... Bientôt, le soldat impatient d'être
surchargé se débarrassait du fardeau, soit en consommant

trop promptement ses vivres, soit en les jetant. Alors on l'autorisait à se procurer des vivres par la maraude, par le pillage. On détachait un certain nombre de soldats de chaque compagnie, pour aller chercher des vivres, dans les villages et les fermes à portée de la route ou du terrain sur lequel l'armée était campée. Les soldats étaient autorisés à forcer les habitants de leur livrer leurs provisions sans en tirer ni paiement, ni reçu et puisque, jusque là, ils remplissaient un devoir régulier, *on peut bien supposer* qu'ils ne se bornaient pas aux provisions, mais qu'ils exigeaient de l'argent ou des objets de valeur et qu'ils commettaient d'autres excès.

« Il faut avouer *que le caractère intellectuel du Français et la bonne humeur qui est le fond de leur caractère national, rendirent leur conduite plus supportable qu'on ne pouvait l'attendre d'un tel système...* Une sorte d'ordre était observé dans ce désordre de la maraude et l'on avait soin que les provisions aussi irrégulièrement obtenue fussent régulièrement distribuées.

« La disposition ordinaire des militaires français, lorsqu'ils ne sont pas provoqués par la résistance, ne les porte point à la cruauté; leur bonne discipline, l'éducation que la plupart des soldats de France avaient reçue, jointes à l'habitude d'obéir, les empêchaient de former de véritables brigands.

« Nulle autre troupe que les troupes françaises n'auraient pu subsister de cette manière, car aucune autre armée n'est assez soumise au commandement de ses officiers. »

Tel est le tableau que nous trace l'historien anglais de l'armée française, de sa manière de vivre en campagne, au moment où allait s'ouvrir la campagne de 1806.

Ces Français tant abhorrés, ces hommes qui ont été traités de brigands de la Loire, ne sauraient souffrir de comparaison avec les fils si doux, si polis, si humains de la Germanie.

En 1871, les soldats de M. de Bismarck, si disciplinés, si obéissants, surpassaient les Français de 1806!

En France, pendant la guerre, ils n'ont ni pillé, ni réquisitionné, ni volé, ni incendié!

Oh! non...

La population française reconnaissante de leur douceur, de leur respect pour la propriété et les personnes, a fait tous les sacrifices possibles pour leur témoigner sa gratitude.

A l'envie, les villes leur ont donné leur vin (le champagne surtout), leurs liqueurs, leur tabac; on a vu les femmes se dépouiller de leurs bijoux, pour en gratifier les vainqueurs.

D'autres n'ayant ni bijoux, ni valeurs à leur offrir, se se sont dépouillées de leurs robes de soie, de leurs jupons brodés; d'autres ont poussé l'abnégation jusqu'à faire présent de leurs bas.

Que de souvenirs, ces sobres et chastes Germains ont reçus? Linge, vêtements, montres, pendules (ils ont un faible pour les pendules), mobiliers somptueux, ils ne les comptent plus!

On a vu des femmes même, pousser l'aménité jusqu'au sublime, elles se sont laissées fusiller pour apaiser le légitime courroux des soldats sur lesquels leurs fils avaient osé tirer!

Français de 71, nous avons payé largement les quelques vaches volées, les quelques bottes de foin brûlées par nos pères en 1806!...

III.

Campagnes de 1806 et de 1871.

Il a fallu sept jours aux soldats de 1806 pour faire la conquête de la Prusse.

Il vous a fallu à vous, Allemands de 71, six mois et un million de soldats pour vaincre la France désarmée et lui voler deux provinces.

Après le premier combat (Saalfeld), Napoléon Ier écrit au roi de Prusse une lettre dans laquelle il se montre animé vis-à-vis de la Prusse et de son souverain des dispositions les plus bienveillantes.

Après Sedan, vous qui aviez déclaré devant l'Europe que vous ne faisiez pas la guerre au peuple français, mais à son gouvernement, à son armée ; comment avez-vous accueilli les ouvertures pacifiques des ministres du gouvernement de la Défense nationale ?

« L'anéantissement total de l'armée prussienne, dit Walter Scott, fut peut-être moins étonnant que la facilité avec laquelle les places fortes du pays, dont quelques-unes étaient au premier rang parmi celles d'Europe, furent rendues sans pudeur et sans honte. »

Comment avez-vous procédé en France, à l'égard de nos places fortes ; vous saviez bien qu'elles n'ouvriraient pas leurs portes à la première sommation de vos uhlans ?

Vous avez, au mépris de toutes les lois des peuples civilisés, dirigé vos projectiles incendiaires sur les habitants et les populations inoffensives.

Vous vous êtes faits bombardeurs de maisons, assassins de femmes et d'enfants, c'était plus commode et plus prompt qu'un siége en règle, moins périlleux surtout que d'affronter un assaut.

En 1806, nos soldats, partageant l'indignation de vos compatriotes contre les gouverneurs pusillanimes de vos places fortes, ne leur offraient qu'un médiocre appui.

Vous avez pris l'homme de Sedan et l'homme de Metz sous votre protection, vous les avez escortés, gardés, choyés.

Votre police a fait disparaître les écrits et les caricatures qui les livraient au mépris public !

Eux et vous, vous êtes dignes de vous entendre.

En 1807, l'armée française, après cinquante et un jours de tranchée ouverte, voit Dantzick capituler.

L'armée prussienne sort de la place avec les honneurs de

la guerre et reste libre sous condition de ne pas servir contre la France pendant un an.

En 1871, l'armée prussienne après soixante-dix jours de blocus, voit Metz capituler.

L'armée française, qui a livré trois glorieux combats, qui a exécuté honorablement plusieurs tentatives de sortie, qui est épuisée par la faim et les fatigues, reste prisonnière à la discrétion du vainqueur!...

Napoléon Ier a pris comme trophée de sa victoire : l'épée du grand Frédéric, a fait enlever la colonne de Rosbach et transporter à Paris les tableaux et chefs-d'œuvre de vos musées.

En 1814, vous avez repris ces trophées, vous avez pillé nos musées et nos collections artistiques; les Russes vous ont empêché de brûler le pont d'Iéna.

En 1871, vous vous glissez à la faveur d'une clause de l'armistice dans quelques quartiers de Paris, vous y avez volé *la pendule du palais de l'Industrie.*

Dans les provinces envahies ou conquises, vos officiers, vos soldats, ont volé, car il faut appeler les choses par leur nom, mobilier, linge, bijoux, argenterie, pendules, et jusques à des bas et des chapeaux de femme.

Vos officiers ont volé, au sein des familles, les photographies des jeunes filles, les ont envoyées en Allemagne, comme souvenir des maîtresses qu'ils avaient su captiver en France.

Ne soyez pas jalouses, aimables et blondes Germaines, plus d'un de vos heureux soupirants, porte sur la joue la trace d'une petite main française qui a rappelé à vos fiers hobereaux les égards dus aux femmes.

Ne soyez pas jalouses, car la galanterie n'est pas leur partage et les Lovelace ne sont pas nés de l'autre côté du Rhin !

En 1806, Napoléon fit renvoyer dans leurs foyers les prisonniers saxons, leur disant qu'il ne considérait pas comme ennemis les soldats d'une nation protégée par la France depuis plusieurs siècles.

En 1871, avez-vous rendu à la liberté les soldats lorrains et alsaciens, tombés dans vos mains.

Ce sont pourtant les enfants de ces deux provinces que vous avez réclamées au nom des liens du sang, au nom de la nationalité allemande que vous prétendez être la leur. Pourquoi n'avez-vous pas réclamé l'Alsace et la Lorraine dite allemande en 1814 et 1815 ?

Elles n'étaient probablement pas assez allemandes, en 1871 le temps aurait-il accompli l'œuvre de germanisation ?

. . . .

Nos prisonniers en 1806, vos soldats, s'échappaient et se sauvaient de toutes parts, c'est l'Empereur lui-même qui s'en plaint dans sa correspondance.

Nous n'avons jamais vu qu'ordre ait été donné de maltraiter ceux restés entre nos mains ; nous nous sommes contentés de les mieux garder et nous n'avons pas condamné à l'exil, aux mines, au cachot, les tentatives d'évasion.

Il vous était réservé d'inventer le système des responsables, et d'opposer aux pauvres victimes des capitulations, indignées, l'enchaînement d'un serment au désir de venger leur patrie.

Il vous appartient bien de tant parler de la religion du serment... Vos capitulations, vos promesses, comment les avez-vous observées ?...

Voici, d'après l'historien anglais déjà cité, le résumé des charges, qui ont pesé sur la Prusse en 1806 :

« De grands attentats furent rarement commis, peut-être parce qu'ils eussent été punis comme des infractions aux règlements militaires ; mais un système d'opportunités, d'exigences et de petites vexations de toute espèce pesa généralement sur les Prussiens, *qui depuis en tirèrent une vengeance éclatante.* »

Il paraît que votre vengeance n'a pas été assez éclatante en 1814 et 1815 !

Qui pourra jamais décrire vos importunités, vos exigences et vos petites vexations en 1870 et 1871.

IV.

Occupation française en Prusse. Occupation prussienne en France 1806-1871.

Nous touchons ici à un sujet des plus intéressant pour nous, surtout à cause de sa triste actualité et surtout de ses tristes résultats pour notre pays.

En 1806, Davoust entre à Berlin, laisse dans la ville un seul régiment pour y faire la police avec la milice bourgeoise.

Toutes les autres troupes sont consignées sévèrement dans un camp à une lieue de la ville.

La discipline la plus stricte est observée, un tiers des soldats, sans armes, est seul autorisé à visiter la capitale.

Les propriétés et les personnes sont respectées (*).

Le lendemain de l'entrée de Davoust, la circulation et le commerce ont repris à Berlin.

La capitale de la Prusse paie une contribution de guerre de dix millions!

En 1871, Paris en a payé une de 200 millions, vingt fois plus.

En 1871, vous êtes entrés dans des villes détruites par vos bombes, avez-vous épargné aux malheureux habitants ruinés le logement militaire?

(*) La famille du maréchal Davoust possède des lettres, écrites par plusieurs personnes notables de Berlin, le remerciant du soin apporté à la conservation des propriétés a la sécurité des personnes. Pendant l'invasion de 1870, une dame de la famille du maréchal a rappelé cette correspondance à un officier supérieur prussien, qui avait insisté pour l'importuner de ses compliments obséquieux. Plusieurs familles allemandes possèdent certaines lettres françaises que la Prusse s'est empressée de reproduire, et qu'elle ne pourront certes pas étaler comme preuve de la délicatesse et du savoir-vivre de leurs membres, pendant la campagne de 1871.

Dans quelle ville avez vous respecté la propriété et les personnes ?

Dans quelle localité occupée vos soldats n'ont-ils pas volé?

En 1806, Napoléon fit une entrée triomphale dans la capitale de la Prusse. Toute la population était sur pied et fut, dit M. Thiers, l'objet des regards d'une foule immense, silencieuse, saisie à la fois de tristesse et d'admiration.

Les femmes conservèrent une attitude noble aucune ne poussa un cri de haine, ni de flatterie.

Les magistrats furent reçus d'une manière affable. Le vainqueur n'eût de paroles de colère que pour les nobles.

Il rendit visite à des membree de la famille royale prussienne, à qui des gardes d'honneur avaient été envoyés.

En 1871, vous avez fait une entrée triomphale, où? En tout cas ce n'est pas à Paris! La foule immense était sur pied, peu silencieuse, car vous avez entendu ses imprécations; elle était saisie de tristesse, mais non d'admiration !

Quant aux femmes, demandez à celles de Strasbourg, à celles de Metz et de Paris, ce qu'elles pensent de vos hauts faits.

En 1806, la France administre la Prusse conquise.

Les autorités prussiennes existent partout. L'administration subsiste telle qu'elle était. A sa tête, est placé M. Daru, qui rédige un mémoire sur les abus de l'administration prussienne, copie de ce mémoire est remise au roi de Prusse.

La justice est rendue par les tribunaux du pays.

La police est faite dans les villes par la garde bourgeoise.

Chaque gouverneur français crée quatre brigades de gendarmerie recrutées parmi les nationaux prussiens.

Chaque gouverneur français a auprès de lui, pour le recouvrement des impôts, un intendant qui est assisté d'un conseil de cinq notables prussiens.

Les contributions sont augmentées de 200 millions.

Sur ces contributions, l'armée se nourrit, acquitte tous ses achats, toutes ses commandes.

La monnaie du pays continue à avoir cours légal, défense est faite d'y substituer la monnaie française.

Des ateliers sont créés pour donner de l'ouvrage aux ouvriers, soit en les faisant travailler aux fortifications, soit dans un vaste dépôt de cavalerie créé à Postdam. « Au gaspillage du soldat on substitue, dit M. Thiers, la perception régulière de l'impôt, discipline sévère, respect complet des propriétés particulières. Si on remonte dans le passé, on verra que jamais les armées ne s'étaient comportées avec moins de barbarie et autant d'humanité. » (Thiers, *Consulat et Empire*).

Comment qualifier maintenant la conduite, l'administration de la Prusse en France 1870-71.

En résumé, c'est l'état de siège avec toutes ses rigueurs, poussées jusqu'à la cruauté et la barbarie.

La justice, ce sont les cours martiales, qui font fusiller des enfants et des femmes.

C'est le règne d'une soldatesque avinée, insolente et brutale, qui assassine l'homme désarmé pour le motif le plus futil.

C'est le bon plaisir d'administrateurs grossiers, remplis de morgue et d'incapacité.

C'est le système des réquisitions, des amendes, des contributions forcées, appuyées par la menace du pillage.

C'est la tyrannie du foyer domestique, de la famille dans sa vie la plus intime.

C'est l'accaparement de la belle monnaie française à laquelle le vainqueur substitue son affreux billonnage.

C'est la liberté individuelle méconnue, c'est l'emprisonnement en masse sans cause, ou pour les délits les plus vagues.

C'est la poste irrégulière, violant le secret des correspondances.

C'est la poste improbe, volant les mandats et les valeurs.

C'est le chemin de fer, sans départ fixe, sans tarif, vous

déposant au milieu du chemin, souvent dépouillé de vos bagages.

Ce sont les garnisons prussiennes faisant leur évolution au milieu de nos récoltes.

Ce sont nos gares encombrées, notre matériel détourné de son service, à la merci du vainqueur.

C'est le caprice d'un chef militaire, apportant toutes espèces d'entraves au libre exercice du commerce et de l'industrie.

C'est l'oppression d'un soudard farouche qui sent tressaillir et lui échapper sa victime et qui croit se rendre plus terrible en se faisant bourreau.

C'est en un mot : la force primant le droit, outrageant la justice, insultant là civilisation !...

C'est la Prusse qui sème le vent et qui récoltera la tempête !...

Lille, imp. Bureau.

ON TROUVE A LA MÊME LIBRAIRIE :

L'ART DE COMBATTRE L'ARMÉE FRANÇAISE (Frédéric-Charles de Prusse)	1	»
CAMPAGNE DE L'ARMÉE DU NORD (général Faidherbe)	2	»
LA FRANCE DEVANT L'EUROPE (Michelet)	2	»
LES COURTISANES DU SECOND EMPIRE (8e édition)	2	»
MONSIEUR NAPOLÉON ET SA COUR	1	»
MÉMOIRES SECRETS DU SECOND EMPIRE	1	»
MÉMOIRES SUR LA DÉFENSE DE PARIS	»	50
LA PRUSSE DEVANT L'EUROPE (Laguéronnière)	1	»
LES DEUX ABIMES (Laguéronnière)	1	50
RÉVEIL DE LA FRANCE (Bost)	1	»
RESTAURATION DE MACHIAVEL (Spoll)	»	30
JACQUES BONHOMME	»	30
PAPIERS SECRETS DU SECOND EMPIRE	1	»
LA PAIX, ADIEUX DE L'ALSACE A LA FRANCE	»	35
PARIS EN FLAMME	1	»
BASES D'UN PROJET DE RÉORGANISATION DE L'ARMÉE (Faidherbe)	»	50
UN MOT AU SUJET DE LA BROCHURE DU GÉNÉRAL FAIDHERBE	»	50
LES INFAMES	1	»
LA TERREUR OU LA COMMUNE DE PARIS (Fonvielle)	1	»
BLOCUS ET CAPITULATION DE METZ (Spoll)	1	»
LES FAUTES DE L'EMPIRE (Némo)	»	75
L'ARMÉE FRANÇAISE SOUS NAPOLÉON III	»	60
FONCTIONS DE L'ÉTAT (Foulon Ménard)	1	50
PAUVRE FRANCE (Rogeard)	»	75
METZ ET THIONVILLE, MARTYRS, A BAZAINE	»	40
L'HOMME DE SEDAN	1	»
L'ÈRE DU SANG, suite de L'HOMME DE SEDAN	1	»
COLLECTION HACHETTE et Cie, le volume	1	»
Id. MICHEL-LEVY, le volume	1	»

www.ingramcontent.com/pod-product-compliance
Lightning Source LLC
Chambersburg PA
CBHW060204070426
42447CB00033B/2441